A. FOURTIER

UN

POÈTE RÉALISTE

INÉDIT

XVIIe SIÈCLE

COULOMMIERS

TYPOGRAPHIE DE A. MOUSSIN

1868

UN

POÈTE RÉALISTE

INÉDIT

La longue élucubration poétique : apostrophe ardente au *jus de la treille*, qui suivra ces lignes préliminaires, est relevée dans la collection manuscrite (1) laissée par l'historien bressan Guichenou, mort en 1664. Son auteur est le sieur de Vieuget qu'aucun bibliographe n'a enrégimenté dans la grande pléiade des poètes du XVIIe siècle. Barbier ne le connaît pas, non plus que Quérard; de Cercy, la Monnoye, Debure et Brunet ne semblent pas avoir soupçonné son existence. Jusqu'à cette heure, Vieuget n'a pas été imprimé, voilà ce que nous osons affirmer. Nous avons donc la bonne fortune de relever d'un injurieux oubli un

(1) Cette collection f rmée de 34 vol. in-fol. est conservée à la bibliothèque de l'école de médecine de Montpellier.

poète qui, pour n'avoir pas fait gémir la presse de son temps, n'est pas moins en droit de réclamer sa petite part du soleil de la publicité.

Quel est-il? Guichenon, dans son histoire de la Bresse et du Bugey (Lyon, 1650), va nous l'apprendre : c'est Laurent du Plastre, écuyer, seigneur du fief de Vieuget de la paroisse de Belley. « Il est vivant, ajoute notre « historien, recommandable non-seulement par les « emplois qu'il a eus, où il a toujours passé pour un « homme de cœur, mais encore par le *merveilleux génie* « qu'il a pour la poésie française.» Guichenon marque en effet que Laurent du Plastre avait été page de Béatrix de Coligny, gouverneur de don Maurice, bâtard de Savoie, qu'il commandait la milice du Bugey au fameux siège de Dôle, qu'il avait été second capitaine au régiment de Don Félix en Savoie, enfin lieutenant-colonel au régiment de Hauteville. Sa famille, implantée en Bugey et d'origine bressanne, portait *d'azur à la bande d'or chargée d'un lionceau de sable*, avec la fière devise : *Non est mortale quod opto.*

Voilà notre homme posé par une amitié quelque peu exagérée ; c'est un soldat-poète : on le constate facilement à la crudité de ses tableaux, à la verdeur de ses expressions ; c'est un chantre de la *dive bouteille* et, il le dit lui-même, l'hôte de Canaples,

- 5 -

Au XVIIe siècle, deux personnages ont porté ce nom
de Canaples; c'est d'abord Charles II, sire de Créqui
et de Canaples, et son fils Alphonse, comte de Canaples
qui devint duc de Lesdiguières, pair de France par
l'extinction de la branche aînée de sa maison et qui
mourut en 1711, parvenu à un grand âge. Pour sûr,
voilà le Canaples auquel s'adresse notre sieur de
Vieuget. Le premier, Charles de Canaples, figure aus-
tère, chargé d'ans, disparaît vers 1630; pour son fils
Alphonse, c'est autre chose, et Saint-Simon, qui ne va
pas par quatre chemins pour dessiner un portrait, nous
en apprend de belles sur son compte. « C'est un homme
« si borné, dit-il, que jamais sa famille n'a pu en rien
« faire. » Pourtant le maréchal de Villeroy, fils d'un
Créqui, de la branche des Lesdiguières, et son cousin
germain, lui procura le commandement de son gou-
vernement de Lyon, à la mort de l'archevêque, son
oncle, qui l'avait eu toute sa vie. C'était un singulier
original ; il n'allait pas par les rues sans distribuer
des bénédictions à droite et à gauche : une réminis-
cence de son oncle ! N'était la place, nous redirions,
avec le malicieux conteur du grand siècle, le mariage
de Canaples, âgé de 76 ans, avec mademoiselle de Ro-

chechouart, une fille de Louis de Rochechouart, duc de Vivonne-Mortemart, une toute jeune, toute gracieuse personne qui lui apportait pour toute dot deux beaux yeux et une large part de cet esprit héréditaire dans la famille, qu'on appelait, de par le monde, *le langage des Mortemart*. Il faut lire dans lés mémoires de Saint-Simon (1), la naïve exclamation du cardinal de Coislin, à l'occasion du vœu formulé par Canaples de faire souche. C'est du dernier joli.

En 1650, Canaples a vingt-cinq ans. C'est l'âge des entraînements faciles, où les esprits faibles, à la bourse bien garnie, ne manquent jamais de guides, voire même de poètes pour les admirer. Sa famille n'a jamais pu en rien faire; cependant comme il choisit bien son entourage! quels rudes joûteurs à table! C'est, nous assure Vieuget :

> . . . . Courtoys, miracle de la bande,
> Homme de la bouteille et de la sarabande.

Puis Tournon, qui

> . . . . . . nous assure qu'à boire,
> Il pourrait épuiser la mer Rouge et la Noire.

(1) Ed. Cheruel, in-8°, t. IX, page 184.

C'est encore le

> . . . . . . mémorable Tournon,
> Digne race d'amour, qui ne dit jamais non.

Le temps dans lequel a paru l'œuvre au réveil de laquelle nous coopérons, nous semble donc flotter entre 1650 et 1664, date de la mort du laborieux Guichenon. Le plus simple examen nous confirme dans l'opinion qu'elle appartient bien à l'époque que nous indiquons : orthographe, forme des vers, tout y est. Nous l'avons dit : c'est bien là l'œuvre d'un poète-soldat, à la moustache en croc, à la brette battant des bottes à chaudrons. Sa pensée s'y montre d'un bout à l'autre dans le plus simple déshabillé : fantasque, grotesque, libre même. L'auteur n'est pas scrupuleux : les situations risquées, il les aborde franchement et les accidents de l'ivrognerie trouvent en lui un peintre aux couleurs chaudes et vigoureuses.

Après tout, n'est-ce pas le temps où on s'arrache après boire les productions de Théodore de Viau, de Saint-Amant, de Cyrano de Bergerac, de Georges de Scudéry, de Scarron, de Gougenot, de ces poètes enfin qui ne songent qu'au bien vivre ! Comme eux, le sieur de Vieuget se complaît dans la description, il est verbeux jusqu'à la diffusion. Que de mots pour arriver à donner un corps à sa pensée! Il n'approche pas cependant, reconnaissons-le, de son contemporain Germain Habert de Cerisy, qui nous a raconté les métamorphoses des yeux de Philis en 585 vers alexandrins bien alignés (1). Vieuget est bien dans le mode du marquis de Vauvert, un autre de ses contemporains, dont nous trouvons précisément une série de strophes intitulées : *Sur une débauche* (2). et qui s'adressant aux truffes les interpelle ainsi :

> Aimables filles du tonnerre,
> Chastes sœurs, invincibles feux,
> Charbons ardans et ténébreux
> Qui mettez en cendre la terre ;
> Vous qui, dans l'empire des morts,
> Conservez la vie à vos corps,
> Juste courroux de la lumière,
> Truffes, quittez vostre berceau,
> Ne mourrez pas dans la poussière ;
> Venez dans nos pastez chercher votre tombeau.

Place maintenant au sieur de Vieuget.

(1) Nouveaux recueils de poésies chez Louis Chamoudy. Paris, 1655, in-8°, à la suite des poésies de Sercy.
(2) Poésies choisies chez Ch. de Sercy. Paris in-8°, 1655.

LA DÉBAUCHE DE BELLEY

Arbriseau tousiours pure et tousiours appuyé,
Qui te sers d'un baston comme un estropié ;
Que la serpe et l'esté font couler goutte à goutte,
Portraict des fluxions, image de la goutte,
Qui veux tousiours aller comme font les boiteus
Sur des membres noircis, débiles et goutteux,
Que sans aucun respect de mirthes ny de roses,
Imitant les gascons, te prends à toutes choses,
Vestu de carnaval, en folies expert,
Avec ton masque more et ton casaquin vert,
Monstre des arbrisseaux, bouffon des aultres plantes,
Joueur de passe-passe en tes tiges virantes
De qui la Courtille a pris l'invention
Sur le foible soustiens de ton ambition,
Pourquoy fais-tu fléchir, en suivant tes vestiges,
Mes membres engourdis, foibles comme tes tiges ?
Et me rendant le corps comme les sens surpris
Me fais-tu confesser qu'on frappe les espris ?
Et ton rubis liquide enfant d'un si beau père,
Qui sorts de centz replis comme d'une vipère,
D'un tortu géniteur, enfant dénaturé,
Pourquoi, feignant l'amy, fais-tu le coniuré ?
Pour offenser mon cœur tu caioles ma bouche ;
Au lieu de m'animer, tu me rends une souche.
Le plus fort de mes sens à tes charmes s'endort
Et l'on feroit sur moy l'effigie d'un mort.
Tu rend de mes deux yeux la lumière ebloye.
Je te reçois de sucre et te rends de suye,
Amer, jeaunàtre, verd, espaix comme la glus
Et l'œil ny le gosier ne te cognoissent plus.

Je n'ay rien de vivant que le pous et l'alayne,
C'est en vain qu'on me lève et que l'on me promène;
Le plus judicieux qui me passe au devant
Asseure que je suis un trespassé vivant.
Du met le plus friand mon souvenir s'ennuye,
Je rends sur le pavé toute la neige en pluye
Et ma bouche à grands flots au point qu'elle prend
D'un flux précipité, crache comme un torrent,
Et pousse comme il faict les cailloux et le sable
D'un bruit impétueux les faveurs de la table
Et plusieurs animaux dont ce fus le séjour
Sans revoir la clairté viennent revoir le jour;
Tous ces oyseaux brodés de l'animal qui gronde
Sortent comme de l'arche où se sauva le monde
Mon cœur qui se débat, veut rompre sa prison,
L'esprit qui s'évapore, emporte la raison,
D'un boys bruslé tout verd importune armonie
Joint mon esprit par le sens de l'ouye.
D'un tonneau défoncé j'ay l'alayne et le teint,
Mon lit semble flotter et je tiens pour certain
Au solide séjour où ta fureur m'opprime,
Que mon corps se va rompre au centre d'un abisme
Et les draps que je mouille et que je fais fumer
Passent dans mon cerveau pour les flots de la mer.
Mon esprit agité produit bien d'autres choses
Que le fantasque Ovide et ses métamorphoses,
Qui changeoit les humains en ciprès, en rouseaux
Et le plus grand des dieux au plus blanc des oyseaux;
D'un rôt bien animé de la vapeur interne
Que le paillet inspire aux gibiers de taverne,
Quand le cœur me bondit pour faire son escart
De plusieurs animaux, ie ne fais qu'un renard,
Que tous les pelletiers estiment le plus rare
Et du climat voysin et du pays barbare.

Son poil est mouchetté des poulets plus nouveaux,
De truffes, de pignons, de crestes, de naveaux
De grands culz d'artichaux, de dattes, de corintes,
Et l'œil y voit partout cent matières distinctes;
Des pigeons nouveaux nés sur des œufs endurcis
Des biscuits, macarons, d'asperges racourcis
D'un hypocras musqué ius le plus délectable,
Et d'un palais de bœuf qui n'est pas un estable.
Cloris, de qui les mains gardent le teint si beau,
Fourrez-vous vos manchons d'une pareille peau ?
Et mettez-vous le né lhors que l'yver nous presse,
Dans quelque antre qui soit plus chaude et plus épaisse,
Hauteville, de Thoé, mémorable Tournon,
Digne race d'amour qui ne dit jamais non,
Curty, Couvet, Courtoys, miracle de la bande,
Honneur de la bouteille et de la sarabande,
Barret, Carrel, Bozon, et toy, brave Tricot,
La teste va casser ce vase d'abricot;
Mais si tu le détruis, je te romps la maschoire,
D'un pot de Cotigniac (1) si fatal à la foire.
Je suis ravi de voir que cet esprit fumeux,
Au combat de Bacchus vous rende si fameux,
Et je me réjouis que le sang de la tasse,
Vous faict sur les carreauls contrefaire la basse,
Si vous sçavez marcher, yvrongnes mes amis,
Venez à mon secour, vous me l'avez promis,
J'y exhale un air à rafraichir ma gorge,
Qui feroit des leçons aux poulmons d'une forge.
Que ie suis satisfaict de vous voir dégeuler.
Chacun, en vostre sens, vous croyez d'exceller,

(1) Conserve faite avec du vin blanc, du coing et du sucre,
elle est stomachique et astringente. On la fabrique à Cotignac
(Var)

A froncer le sourcil, à trousser la moustache,
Seneque est moins sçavant, Roland est moins bravache.
Hauteville se croit le premier des Cezars,
Thoé se glisse, fuye, comme font les lezars,
Le baron de Tournon nous assure qu'à boire,
Il pourroit épuiser la mer Rouge et la Noire,
Et mettre au désespoir tout l'empire marin
S'il aymoit autant l'eau qu'il estime le vin.
Le satyrique amy se picque d'éloquence,
Bozon de politique et Cortoys de la danse,
Tricot, le mal frisé, pleure pour Jacqueline,
Profane adorateur d'un gros sac de farine,
Amour plus ridicule et plus divertissant,
Qu'un singe emmailloté qui marmotte en pissant.
Ainsy chascun se paie de ce qu'il a devant,
Et vient rire du Prieur qui se soule de vent.
Le Prieur altéré donne sur la piquette,
Barret faict par resort jouer un squelette.
Qui fust de mille oyseaux la terreur en esté,
Et l'on peut appeler l'amant de la beauté,
Digne couple sans pair, faict, décoré de brigue,
Carrel, son compagnon, commance la musique,
Et jure que sa voix produit de plus gros tons,
Qu'on n'en sçauroit pousser au reigne des Tritons.
Pour moy, sans me flater, je m'imagine d'estre,
Des hommes et des dieux le redoutable maistre,
Et tout ce qu'on a dict et de Mars et d'Amour,
Ne sont que des portraicts à n'étaler au jour.
La Fleur, Bertrand, Gervais, tuteurs de la bouteille,
Pour juger de nos coups venez à la pareille,
Riches tailles de cuve que dans vos scelliers,
L'on prend pour des tonneaux, non pour des sommeilliers,
Et vous, poil de safran, mon cher hôte, Canaple,
Le plus fameux goinfre de Paris jusqu'à Nap'e,

Suivy pompeusement de ses cabarettiers,
Qui ne sont establis que pour les savetiers,
Venez graver nos loix sur le marbre et le cuivre,
Et coronner celuy que vous iugerez plus yvre,
Affin que l'avenir sache vostre équité,
Et répande l'honneur de qui l'a mérité.
Eh bien, qu'en dictes-vous, race faicte pour boire,
Jugez nos actions en notre concistoire,
Mais vous estes des fols et plus yvres que nous,
Vos yeux ne jugent pas plus loing que vos genoux,
Gaignez donc le degré, de peur de la fenestre,
Et vous recognoissez, affin de nous cognoistre.
Chétifs cabaretiers et mauvais biberons,
Je vous fais un légat de cent coups de porons.
Si le crédit chez vous n'introduit la déroutte,
Affin qu'au bout de l'an, vous fassiez banqueroutte
Et que je puisse voir faire au destin fatal,
D'un fameux cabaret un chétif hospital,
Au point que les sergents qui n'ont pas le cœur tendre,
Leveront du foyer les chenets et la cendre.
Pôle des biberons, père des vignerons,
Qui fis en tant de mers boire les avirons,
Quand l'Europe de toy reçut le boys insigne,
Qui coronna premier nos couteaux de ta vigne,
Exemple des gourmands, comme des paladins,
Vestu de pampres verds, chamarré de boudins,
S'il reste parmy nous, à ton idolâtrie,
Quelque esprit mal timbré dont la raison te prie,
Pour me favoriser accorde à ce croquant,
Un vin vieux et paillé qui soit doux et piquant,
Qui ne soit point fumeux et coule pour ta gloire,
Aussy doux à vomir que délectable à boire,
Qui conserve les nerfs dans la mesme vigueur,
Qui m'endorme sans peine et m'éveille sans peur,

Baron, si mes amis n'atandoient que la bière,
Pour se voir immoler dedans un cimetière,
Et que pour retenir leurs sens épouvantés,
Il ne fallut de moy que boire à leurs santés,
Ils passeroient le pas et mon humeur qui gronde.
Faute de boire un traict, veroit périr le monde,
Tant je suis rebutté dès le dernier malheur
Où le lasche plaisir fit place a la douleur.
Encore qu'ils ne disent : i'ay trouvé par merveille,
Que le fleuve d'oubly n'est rien qu'une bouteille,
J'oublioy mon manteau que l'on m'a rapporté,
Et le fer importun qui me pend au cotté.
Mes gants et mon mouchoir, le talon de ma botte
Ma boyte de tabac, mon cordon, ma calotte,
Et plutôt que me voir hors de ceste maison,
Pour la santé d'autruy, j'oublioy ma raison.
Encor que du coucher au lever de la lune,
J'en fis peut-être cent et n'en retteint pas une,
J'ay découvert encor une erreur de Caron,
Que l'on croit battelier, or c'est un vigneron.
Tous les morts à la guerre ou du destin de l'aage,
Par un certain détroit passeur dans son village,
Où luy tout liberal et tout officieux,
Les enyvre à long traict d'un vin délicieux,
Qui leur faict oublier de la course mondaine
En moins d'un tourne-main, le plaisir et la peine,
Mais je raille du lict et mon gosier amer,
Ne veult ouyr parler de boyre n'y d'humer.
La cause du péché cause la pénitence,
Et dans les sentiments qui font ma repantance,
Pendant que l'appétit qui se faict courtiser
Rechigne à tous les mets, refuse à s'éguiser,
Je conjure, Baron, la parque filandière,
Que changeant de métier, elle soit quisinière,

Qu'au lieu d'un peloton fini par tant de bouts,
Elle accroisse tes ans par cent mille ragouts.
Et, que sur un mourant, ni trop gras, ni trop maigre,
Ton fil soit alongé d'un filet de vinaigre
Pour te desennuyer, je me rue, Baron,
Sur le cabaretier et sur le biberon.
Et pendant que ie suys sur Parnasse à l'emplette.
Afin de t'envoyer cette pièce complette,
Je t'aurois des... dressé le rôle entier,
Sans la peur de manquer de temps et de papier.

F V

Coulommiers. — Typogr. A. MOUSSIN.

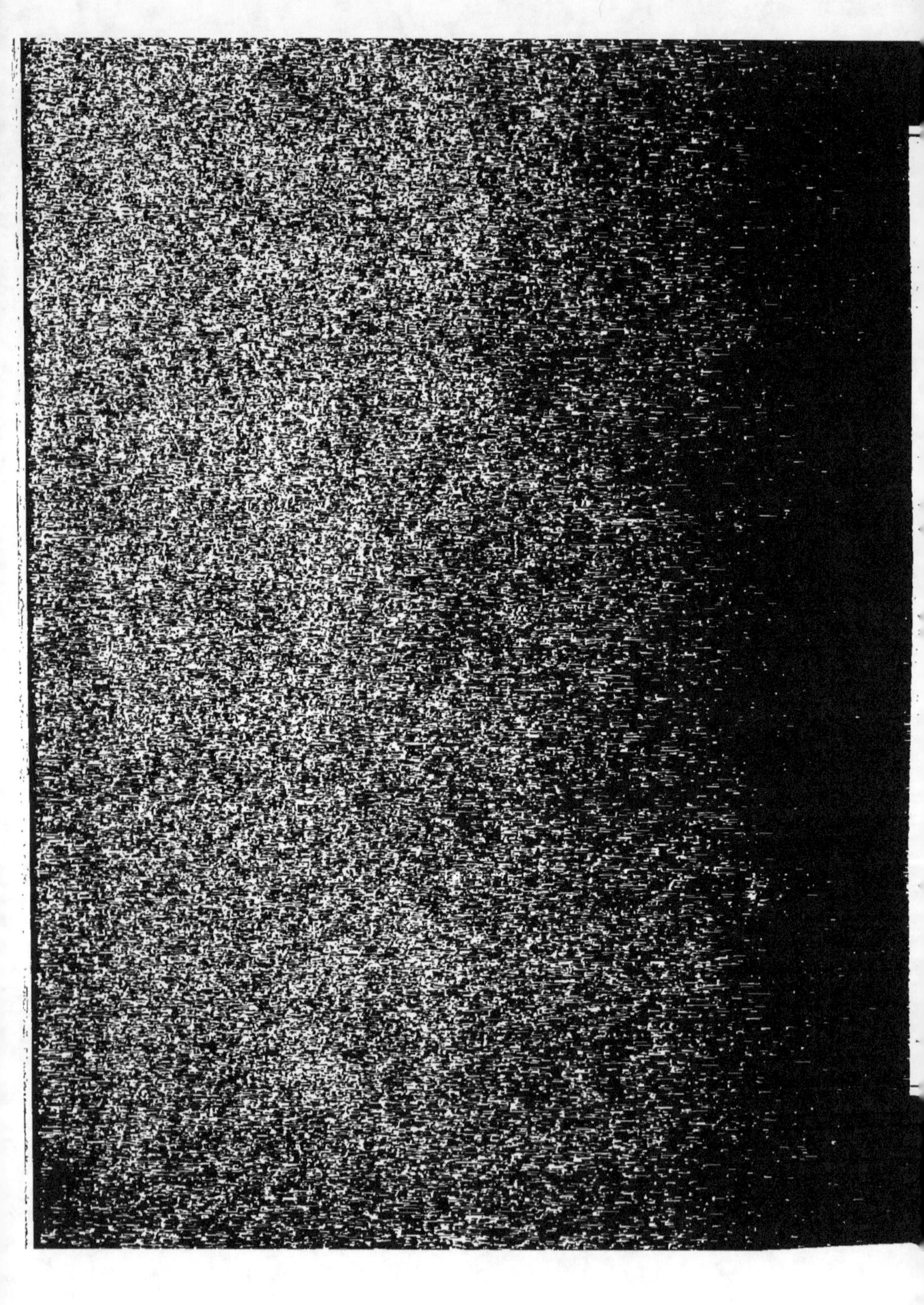

www.ingramcontent.com/pod-product-compliance
Lightning Source LLC
Chambersburg PA
CBHW061715050726
47598CB00004B/1853